LÉANDRE MOREAU

HISTOIRE
DU
THÉATRE
A MARSEILLE

LE GRAND-THÉATRE
(1792-1793)

IMPRIMERIE DU PETIT MARSEILLAIS.
1872

LÉANDRE MOREAU

HISTOIRE DU THÉATRE A MARSEILLE

LE GRAND-THÉATRE
(1792-1793)

MARSEILLE
IMPRIMERIE T. SAMAT
QUAI DU CANAL, 15

1872

IMPRIMERIE T. SAMAT, QUAI DU CANAL, 15.

HISTOIRE
DU
THÉATRE
A MARSEILLE

LE GRAND-THÉATRE (1792-93)

I

Le Grand-Théâtre construit sur les plans de Benard et ouvert au public le 31 octobre 1787 n'était pas la salle élégante et coquettement décorée que nous avons pu admirer au bon temps des directions Tronchet et Halanzier. L'installation des galeries était peu commode et les spectateurs parqués debout au parterre, s'agitant et se poussant, ressemblaient parfois à une mer humaine dont les flots orageux menaçaient d'envahir et l'orchestre et la rampe.

Mais ce qui laissait surtout à désirer, c'était l'éclairage. Un lustre étique et sujet à de nombreuses éclipses, quelques quinquets fumeux, voilà tout.

Pour donner à mes lecteurs une idée exacte de la physionomie du Grand-Theâtre à cette époque, j'extrais du journal de Beaugeard, du 12 janvier 1793, la chronique locale suivante que je reproduis sans commentaires et sans y changer un mot :

« Il y a vingt-cinq ans les spectacles étaient
« éclairés par des chandelles ; on brûlait du
« suif au théâtre et des bougies dans la salle.
« La génération actuelle se souvient encore
« de la dextérité avec laquelle le fameux
« Coupin mouchait les chandelles de l'ancien
« théâtre. Cet éclairage a dû finir par *éclairer*
« les directeurs sur leurs intérêts, et l'huile a
« succédé au suif. D'abord on a huilé les
« coulisses, puis la rampe, puis l'orchestre ;
« après les corridors, enfin la salle...

« Mais je me suis aperçu qu'ordinairement,
« vers le milieu du spectacle, l'éclairage faiblit,
« et il n'est pas rare que dans la salle, vers le
« milieu de la seconde pièce, nombre de
« lampions soient éteints ; voilà le mal !
« Comme ordinairement ce sont les ballets qui
« terminent le spectacle, il en résulte qu'on y
« voit le moins lorsqu'il faudrait y voir le

« mieux. On connaît les prétentions de ces
« dames des ballets qui raccourcissent leurs
« jupons pour allonger leurs jambes ; jugez
« de leur désespoir, lorsqu'une obscurité
« perfide voile des appas qu'elles aiment tant
« à montrer. »

On était bien loin alors des lustres aux mille jets, des myriades de girandoles aux bras dorés et aux globes dépolis qui inondent de lumière la salle Beauvau. Imaginez Beaugeard surgissant de la poussière de la tombe, abandonnant pour un moment son froid suaire de trépassé et venant assister à une représentation du *Prophète*. Il ne reconnaîtrait sûrement plus son humble théâtre de 1793 et conviendrait, s'il était de bonne foi, qu'une *obscurité perfide* ne voile plus rien, et que si nos ballerines aujourd'hui ne montrent pas leurs appas, ce n'est point la faute du gaz, ce vrai soleil de la nuit.

L'ouverture du Grand-Théâtre eut lieu le 16 avril 1792 par la tragédie de *Tancrède*.

Queriau, régisseur chargé de parler au public, fit le compliment d'usage. J'emprunte aux notes inédites qu'un obligeant ami veut bien mettre à ma disposition, les paroles par lesquelles le mandataire du directeur terminait son allocution :

« Messieurs,

« La carrière que nous parcourons est
« couverte d'épines, les fleurs se trouvent
« sous vos mains, la grande difficulté est de
« les cueillir.... Pour nous voir réussir dans
« ce que nous allons entreprendre, daignez,
« messieurs, ouvrir les yeux sur notre zèle et
« les fermer sur nos défauts. »

Pas mal, ma foi! voilà un madrigal qui me paraît agréablement tourné. Cela vaut bien les montagnes de promesses des programmes actuels, accouchant presque toujours d'une souris. Les conclusions de Queriau sont simples et justes : Appel à l'indulgence du public, envie de bien faire. C'est tout ce qu'il faut.

Je puise, toujours dans les mêmes notes, le tableau de la troupe pour l'année théâtrale 1792-93. Tout ce qui se rattache à cette époque offre, à mon avis, un si puissant intérêt à tous les points de vue, qu'on ne saurait trop y revenir. Voici ce document :

GRAND-THÉATRE DE MARSEILLE

Baussier, Directeur.

TRAGÉDIE & COMÉDIE

Richaud-Martelly, premier rôle. — Hardelle, Croizier, Destinval, Ducroizy, Ledoux, premiers comiques. — Autres comiques : Descournois, Corréard, Flavigny, Saint-Aubin.

Actrices. — Premiers rôles : Mmes Valville cadette, Richaud-Martelly. — Soubrette : Mlle Dorsonville.

OPÉRA.

Basses-tailles : Dessaules, Durand. — *Hautes-contre* : Martin, Schreuzer, Delisle. — *Autres artistes* : Ledoux, Saint-Aubin, Loriot, Dubrand, Ducroissy.

Premières chanteuses : Mlles Lillette et St-James. — *Deuxième chanteuse* : Mme Lochon. — *Dugazon* : Mme Schreuzer. — *Autres artistes* : Mmes Sardat, Lochon, Bakofen, Gaolet.

BALLET.

Maître de Ballet : Onorati. — *Danseurs :* Leboeuf, Chapelle, Dutarque.

Danseuses : Mmes Queriau, Coindé, Sainte-Valère, Mozon, Gervais.

Danseur Comique : Laurent.

Chef d'Orchestre : Parent, du Grand Opéra de Paris.

Quatorze violons, deux altos, quatre violoncelles, deux contrebasses, trois flûtes et hautbois, deux bassons, deux cors, deux trombones et serpents.

Réunir une pareille troupe dans des temps aussi troublés n'était pas chose facile ; le choix des artistes et du musicien distingué chargé de conduire l'orchestre, affirmait hautement l'intelligence et l'habileté de la direction, en même temps que le goût délicat de nos pères.

II

Les débuts de Richaud-Martelly eurent lieu le 27 avril 1792 et furent très-applaudis.

« On n'avait guère pu, dit Beaugeard, le

« juger dans *Tancrède*, parce que la fatigue
« du voyage de Paris avait dû nécessairement
« nuire à ses moyens ; on a mieux vu tout ce
« qu'on peut obtenir de lui dans la tragédie
« par la manière dont il a joué le *Philoctète*,
« de Laharpe. Ses débuts n'ont pas été moins
« heureux dans la comédie, et ce genre est
« même celui dans lequel il paraît avoir atteint
« le plus de perfection. Une diction correcte et
« variée, un jeu sage et vrai, une manière
« agréable de nuancer ses récits, beaucoup
« d'intelligence à saisir tout ce qui est d'effet,
« une attention continuelle à la scène, en un
« mot, des talents naturels développés par
« une étude approfondie de son art, voilà ce
« qui a fait le succès de M. Richaud. »

Un éloge aussi complet venant d'un critique de la valeur de Beaugeard, dut singulièrement flatter l'artiste qui abordait avec hésitation la scène marseillaise.

Le dimanche 29 avril le Grand-Théâtre fit relâche à la suite d'un terrible accident qui jeta la consternation dans la cité et plongea dans le deuil un grand nombre de familles. Bien que cet épisode douloureux de notre histoire locale ne soit pas ici tout à fait à sa place, je crois qu'il n'en sera pas moins lu avec un vif intérêt. Le voici :

Le couvent des Recollets, situé près la porte d'Aix, servait, depuis le départ des religieux qui l'occupaient, d'entrepôt aux pièces d'artillerie et aux munitions qu'on avait retirées des forts, soustraits à l'autorité directe du gouvernement royal.

Ce jour-là, un certain nombre de membres du club des Amis de la Constitution étaient réunis dans l'ancien réfectoire des Recollets d'où ils devaient partir pour aller à la rencontre d'un bataillon de la garde nationale revenant d'Arles où avait éclaté un mouvement contre-révolutionnaire. Quelques clubistes, en attendant le signal du départ, avaient engagé, dans le jardin du couvent, une partie aux boules en remplaçant ces dernières par des boulets, sans songer que des barils de poudre et des projectiles étaient déposés autour d'eux. Les boulets en bondissant sur les dalles de pierre et de marbre firent jaillir des étincelles qui enflammèrent le dépôt des poudres, et tout à coup une partie du couvent sauta avec un bruit épouvantable. Il était alors trois heures et demie et les prêtres assermentés chantaient les vêpres dans l'église attenant au couvent. Un grand nombre de personnes furent blessées et quand on déblaya les ruines on recueillit trente-huit cadavres.

On eût fait relâche à moins.

A partir du mois de mai, les chants patriotiques firent leur apparition sur notre grande scène et bien souvent la comédie et l'opéra durent leur céder la place. Ce fut alors que commença la vogue de l'hymne de Rouget de l'Isle, chanté pour la première fois à Marseille dans un banquet de quatre-vingts couverts, donné par les patriotes, chez le restaurateur David, rue Thubaneau, aux délégués de Montpellier.

Mireur, l'un d'eux, doué d'une voix sonore, électrisa son auditoire en déclamant ces strophes immortelles écloses dans une nuit de fiévreuse insomnie dans la capitale de cette pauvre Alsace, violemment séparée de nous par le hasard malheureux des batailles.

Pourquoi faut-il que les mâles accents de l'hymne patriotique n'aient pas toujours retenti sur le front des bataillons, et qu'au lieu d'être seulement un chant de gloire, la *Marseillaise* se soit trop souvent transformée en funèbre cri de mort !

Le Grand-Théâtre donna encore, dans le courant de mai, *le Directeur dans l'embarras*, traduction de l'opéra italien de Cimarosa l'*Impressario nelle Angustie*. Cette pièce obtint un succès... de sifflets ;

Camille ou le souterrain, paroles de Marsolier, musique de Dalayrac, supérieurement rendu par M. et Mme Schreuzer, chargés des rôles principaux. Les chœurs firent merveille dans le beau final du deuxième acte, morceau capital qui soutint la vogue de l'ouvrage ;

Le *Jaloux*, comédie de Rochon de Chabannes ; — le *Séducteur*, du marquis de Bièvre ; — le *Méchant*, de Gresset. Richaud-Martelly se distingua dans l'interprétation de ces œuvres et obtint, notamment dans le *Jaloux*, les honneurs d'un triple rappel.

Au commencement de juin, Martin, hautecontre de l'Opéra de Paris, débuta au Grand-Théâtre dans Polynice d'*Œdipe*, Enée de *Didon* et *Renaud*. Ce chanteur, qui avait une voix agréable, du goût, un jeu sobre et un beau physique, conquit tous les suffrages et fut vivement applaudi.

Le *Maladroit,* comédie de Richaud-Martelly, jouée par l'auteur; *Paul et Virginie,* pièce à décors dans laquelle on remarquait surtout un gros nuage sillonné par la foudre ; le *Guillaume-Tell* de Lemierre, affiché par ordre à l'occasion de la plantation officielle de l'arbre de la Liberté au cours Saint-Louis, et joué par les artistes la brochure à la main, complétèrent la série des représentations de juin.

Nous sommes en juillet, les esprits s'exaltent chaque jour davantage et le sanctuaire de Melpomène se convertit parfois en champ clos où les partis se rencontrent et se portent de violents défis. L'horizon politique s'assombrit et l'on pressent déjà la journée du 10 août, ce premier échelon de l'échafaud du 21 janvier. Me renfermant autant que possible dans le domaine purement artistique, je continue l'histoire de notre Théâtre pendant cette période brûlante.

III

Juillet est à son déclin ; la Terreur vient de commencer; quelques exécutions sommaires accomplies sans opposition jettent la consternation et l'horreur dans la vieille cité phocéenne. Tout tremble devant les excès sanglants de quelques misérables, la presse locale terrifiée reste muette, et c'est à peine si Beaugeard, dans sa prudence extrême, mentionne en termes ambigus et défaillants « que six per-« sonnes ont payé de leur vie ce que leur « conduite avait d'odieux et d'incivique. » Courte oraison funèbre qui ne prouvait pas en faveur du civisme et du courage de Beaugeard.

Ce qu'il y eut de singulier pendant la période pénible que je viens d'indiquer, c'est que les théâtres ne chômèrent pas un seul soir. Bien plus, rompant avec les précédents établis, la scène fut envahie par tout un répertoire de comédies classiques et d'œuvres anacréontiques sans rapport aucun avec les évènements du jour et formant avec les horreurs de la rue un contraste des plus étranges. Il pleuvait littéralement des idylles, des pastorales, des bergeries, des Estelles accomplies, des Némorins plus que parfaits, d'excellents pères, des fils qui valaient encore mieux, en un mot toute une morale en action émaillée de vertes prairies, de chiens fidèles, d'agneaux enrubannés et de tourterelles roucoulant leurs innocentes amours. Les pièces de circonstance et les ouvrages prêtant aux allusions politiques devinrent l'exception et ne firent que des apparitions fort rares.

Je tenais à esquisser rapidement la physionomie de la salle Beauvau et de la rue à ce moment, afin de n'avoir pas à y revenir, désirant ne plus sortir de mon sujet. C'est ce que je vais faire en passant une revue sommaire des ouvrages représentés en juillet :

Le *Vieux Célibataire*, comédie en cinq actes de Collin d'Harleville. L'auteur avait composé cette pièce, regardée comme son œuvre capitale, dans le transport d'une fièvre inflammatoire qui le tint pendant plusieurs mois cloué sur un lit, ainsi qu'il le consigne lui-même dans ses mémoires. Grand succès ;

Le *Philinte de Molière* ou la suite du *Misanthrope*, par Fabre d'Eglantine, comédie très-bien jouée, surtout par Richaud-Martelly, Croisier et Descournois. Fabre, né à Carcassonne, n'appartenait pas à la noblesse comme on pourrait le croire, et il n'ajouta le d'*Eglantine* à son nom roturier qu'après avoir gagné, au concours des Jeux Floraux, le prix représenté par cette gracieuse fleur sauvage.

Vanhove, de la Comédie Française, vint vers le milieu du mois en représentation au Grand-Théâtre. Vanhove avait-il un talent de premier ordre? Il est permis d'en douter si l'on s'en rapporte à l'épigramme qui courait sur l'artiste parisien :

> Vanhove, quelquefois, psalmodie à mon gré,
> Quels honneurs l'attendaient s'il eût été curé!

Les notes de mon ami n'en disent pas davantage et il est à supposer que si Vanhove fut une étoile du ciel théâtral, ce ne fut, à coup sûr, qu'une étoile filante.

Chazel fils débute avec succès dans les jeunes premiers à côté du pensionnaire de la Comédie.

Le 14 juillet, anniversaire de la prise de la Bastille, *Brutus* fut affiché et joué par ordre.

Vinrent ensuite : la *Fausse Agnès*, comédie peu récréative ; — les *Deux Chasseurs et la Laitière*, opéra-comique ; — *On fait ce qu'on peut*.

Pendant le mois d'août aucune pièce nouvelle ne fut mise en scène et le théâtre vécut avec l'ancien répertoire.

Dès le commencement de septembre le décret législatif rendu le 30 août à propos des réclamations sur les lois de janvier et juillet 1791, fut mis en vigueur. Ces lois étaient dénoncées comme portant atteinte aux droits des spectacles et des conventions avec les auteurs. Voici le dispositif de la loi nouvelle :

« Les pièces antérieures au décret du 13
« janvier 1791 et jouées avant cette époque
« en province sans convention écrite des
« auteurs, mais sans réclamation écrite de
« ceux-ci, seront jouées sans rétribution pour
« eux.

« Les conventions antérieures à 1791 seront
« exécutées.

« Divers traités ayant été faits après l'abro-

« gation des anciens règlements avant 1791,
« ces traités seront observés.

« Dorénavant, les auteurs en vendant leurs
« pièces aux imprimeurs ou graveurs stipu-
« leront la réserve qu'ils entendent faire de
« leur droit de faire représenter. Ces pièces ne
« pourront être jouées sans leur consentement.

« Les réserves stipulées ne pourront l'être
« que pour dix ans. »

C'était un peu moins draconien que les lois visées, mais cela laissait encore à désirer.

Le Grand-Théâtre représenta pendant ce mois *Geneviève de Brabant*, comédie lyrique en trois actes, paroles de Leroy, musique d'Alday, chantée par Schreuzer, Dessaules et Mme Schreuzer;

La Liberté conquise ou le Despotisme renversé, par Harnu, pièce patriotique à grand spectacle, évolutions militaires, etc. A la fin, un maire faisait prêter aux citoyens de sa commune le serment de défendre la patrie, et tous les spectateurs se levant, se joignaient aux acteurs pour jurer haine aux tyrans; —
La France régénérée, par Chaussard.

Le 20 septembre, première représentation

des *Visitandines*, paroles de Picard, musique de Devienne. L'idée mère de cet opéra était prise dans une pièce de Beauvoir intitulée : l'*Amour quêteur*, donnée en 1777 au théâtre de Nicolet. La pièce de Beauvoir avait elle-même été inspirée par une chanson érotique fort en vogue dans ce temps-là. Les *Visitandines* obtinrent un succès exceptionnel dû au mérite réel de plusieurs morceaux de la partition, à la grâce de quelques mélodies promptement devenues populaires, à la fameuse *Gasconne* qui, pendant quarante ans, fut le cheval de bataille de tous les barytons à l'époque où cet emploi s'intitulait *Martin*, et aussi, disons-le, au sujet de la pièce, sujet peu édifiant et, par cela même, si attrayant pour le public de 1792.

A Marseille, du 20 septembre jusqu'à la clôture de l'année théâtrale, les *Visitandines* furent jouées quinze fois, chiffre énorme et qui atteste la vogue de l'ouvrage. Le chanteur comique Corréard créa d'une manière fort originale le rôle de l'ivrogne Grégoire ; les autres rôles furent aussi très-bien interprétés.

Sait-on ce que les *Visitandines* jouées quatre

ou cinq mille fois en France, depuis 1792 jusqu'à nos jours, rapportèrent à l'auteur des paroles, Picard, mort en 1828 ? — Vingt-cinq louis une fois payés !

Nous sommes loin, il me semble, des millions de Scribe, et Picard n'eût pas acheté un château avec ses droits d'auteur.

IV

Octobre vient de commencer. On dirait que les brises automnales qu'apporte ce dixième mois de l'année en rafraîchissant l'atmosphère embrasée par les ardeurs tropicales de juillet et d'août ont aussi calmé les esprits. Un temps d'arrêt s'est manifesté dans les exécutions sommaires de la rue, un sentiment de justice a réagi, et dès les derniers jours de septembre, la municipalité, se réveillant enfin, a formé un tribunal populaire composé de quarante-huit juges, qui ne pouvant, il est vrai, punir les assassinats accomplis, empêche, pour un moment au moins, de nouvelles atrocités.

La réaction est complète, les prévenus que le

tribunal par son verdict de non culpabilité vient d'arracher à la corde des Terroristes sont entourés, félicités ; un cortège d'honneur formé de musiciens et de gardes nationaux conduit triomphalement au Grand-Théâtre ces hommes voués à une mort certaine et ils y sont l'objet d'une longue ovation. Chez les Romains, le Capitole menait parfois à la Roche Tarpéienne. Ici c'est le contraire qui arrive. Autre temps autres mœurs.

Pendant le mois d'octobre, le Grand-Théâtre ne représenta aucune pièce nouvelle, opéra ou comédie, si l'on en excepte quelques bluettes patriotiques sans importance, données au bénéfice de nos frères d'armes des frontières et en faveur des habitants de Lille, la Convention venant de décréter que la population de cette ville avait bien mérité de la patrie par sa résistance héroïque aux attaques du duc de Saxe qui l'avait investie.

Un fait qui mérite d'être connu se produisit à ce moment. Des plaintes furent portées au journal de Micoulin et Ricord, par un abonné susceptible, sur la dénomination de Grand-Théâtre qui continuait à être appliquée à la salle Beauvau. Le journal accueillit gravement ces réclamations excentriques et publia, le 18 octobre, une note ainsi conçue :

« Des patriotes, des amis de l'égalité
« s'offusquent de ce que les affiches portent en
« tête *Grand-Théâtre*. Si c'est pour dire qu'il
« est vaste, qu'on mette donc *Théâtre*-grand. »

C'est pousser un peu loin, on en conviendra, la haine des dictinctions qui était le trait caractéristique de cette époque de transition politique ; mais je me demande comment le chroniqueur de 1792 a pu écrire les lignes burlesques que je viens de reproduire, sans rire au nez de ses inspirateurs quelque rageurs qu'ils fussent.

Le 23 octobre le bataillon marseillais qui prit une si grande part à la journée du 10 août et dont la réception officielle avait eu lieu pompeusement la veille, accompagné processionnellement par les citoyennes de la halle, fit son apparition au Grand-Théâtre où l'on donnait deux pièces insignifiantes le *Sujet de Comédie* et les *Pêcheurs*. Le spectacle fut aussitôt interrompu, la farandole dansée et l'hymne de

Rouget de l'Isle chanté par des milliers de voix. Au couplet de l'invocation, l'assistance entière s'étant agenouillée, une dame qui, par distraction probablement, était demeurée debout, fut assaillie, renversée, traînée devant la rampe, raconte un témoin occulaire, et là, maintenue à genoux par deux hommes taillés en hercule qui pesaient sur ses épaules, elle dut assister plus morte que vive à la reprise de l'énergique appel à la Liberté.

C'était peut-être très patriotique, mais peu galant assurément.

Le 26 « Représentation au bénéfice des fa-« milles qui ont perdu un des leurs à l'attaque « des Tuileries dans la journée du 10 août, » dit l'affiche. Des amateurs jouent une pièce de circonstance : *La ligue des fanatiques et des tyrans*, flanquée d'un ballet et de la *Mélomanie*, opéra comique. La *Ligue* était une tragédie en trois actes et en vers, par Ronsin, auteur médiocre, qui figura dans les évènements de la Vendée, de Paris, et se trouvait à Lyon, aux côtés de Collot d'Herbois. Ronsin porta sa tête sur l'échafaud en 1794 comme ami de Danton.

Le dimanche 28 octobre, banquet patriotique en l'honneur du bataillon marseillais, donné dans l'intérieur du couvent des Bernardines, aujourd'hui notre Lycée national. Le soir, feu de joie sur la place de la Fédération (cours Saint-Louis), chant de la *Marseillaise*, illumination de la Maison Commune. Les autorités assistent en corps à la représentation qui a lieu au Grand-Théâtre ; elle se termine par des couplets de circonstance.

Le 29, deuxième représentation de la *Ligue* de Ronsin.

Aucune nouveauté ne fut mise en scène pendant le mois de novembre. L'opéra, la comédie et la tragédie déjà au répertoire ainsi que la *Bataille de Jemmapes ou la prise de Mons par Dumouriez*, tragédie en deux actes et en prose par Laurin, acteur du Grand-Théâtre, défilèrent successivement devant le public. Du reste, l'effervescence croissante des partis, la gravité des évènements et les menaces d'un avenir redoutable n'étaient pas faits pour encourager la direction. Tenir le théâtre ouvert c'était déjà beaucoup.

Je place ici un échantillon précieux, sinon

chevaleresque, de la critique théâtrale du temps.

La citoyenne Serda, une jolie actrice, s'étant produite dans l'*Ami de la Maison* et n'ayant pas, à ce qu'il paraît, satisfait complètement les spectateurs, l'un d'eux fit imprimer les lignes aimables qu'on va lire dans le Journal de Micoulin, du 10 novembre :

« Quelque personnage que vous représen-
« tiez, il semble que c'est toujours le même ;
« que vous soyez avec un père, une mère, un
« oncle, un amant, vous leur parlez sur
« le même ton, vous les agacez *(sic)* avec
« le même soin et l'on découvre en vous le
« dessein de séduire par les charmes de la
« jeunesse. Vous oubliez le rôle que vous
« jouez, souvent vos regards se promènent
« dans les loges et cette distraction ne vient
« que du manque d'attention ou de l'envie
« d'enflammer tout le monde. Enfin, la pré-
« somption qui se manifeste sur toute votre
« petite personne est capable de nuire à vos
« progrès vers cette médiocrité à laquelle
« seule il vous est permis de prétendre. »

Ceci était signé : « Ricord, vrai sans-culotte, « pas Cupidon. »

Il n'est pas besoin de commentaires, n'est-ce pas ?

V

Nous voici à la dernière période de l'année théâtrale.

1792 qui vit s'effondrer la vieille monarchie française vient de s'engloutir à son tour dans le gouffre des âges, au bruit victorieux du canon de Valmy.

93 avec sa rouge auréole surgit à l'horizon, salué à son aurore par le son lugubre du tocsin, les sombres roulements des tambours et les clameurs immenses d'un peuple soulevé.

La vision de Cazotte va devenir une effrayante réalité, et bientôt la lugubre procession des grands décapités qui commence à Louis XVI et finit à Robespierre va dérouler ses files sinistres, laissant un sanglant sillon dans l'histoire de cette année terrible, transformée en nécrologe politique.

Au moment où je reprends mon récit, Marseille inquiète, anxieuse, mais relativement calme, garde sa physionomie ordinaire ; les fêtes de Noël n'ont amené aucun trouble et les prêtres assermentés ont pu célébrer, — dans leurs églises veuves de fidèles, — la naissance du Sauveur du monde.

Le théâtre a vécu pendant le mois de décembre sur le répertoire ancien, et l'arrivée de Molé, de la Comédie Française, dont les représentations commencent en janvier, est le seul fait artistique qui mérite d'être rapporté.

Molé débuta au Grand-Théâtre par le *Menteur*, de Corneille. Le célèbre comédien désirant choisir une autre œuvre pour inaugurer ses représentations à la salle Beauvau, donna comme excuse son âge avancé qui, disait-il, l'empêchait de paraître dans cette pièce. L'acteur Armand Verteuil répliqua aussitôt à Molé par les vers suivants qui mirent un terme aux hésitations du grand artiste :

> Cesse, aimable Molé, de redouter l'affront
> Que le temps fait subir à la nature entière.
> Le laurier toujours vert qui couronne ton front
> Saura te garantir de sa faulx meurtrière.
> Laisse oublier tes ans au public enchanté ;
> Moteur de ses plaisirs et fier de son suffrage
> Ton talent t'a conduit à l'immortalité :
>   Les immortels n'ont point d'âge.

Molé parut successivement dans l'*Inconstant*, l'*Amant bourru*, le *Vieux célibataire*, le *Bourru bienfaisant*, le *Séducteur*, l'*Impatient*, les *Châteaux en Espagne*, le *Retour du mari*, le *Festin de Pierre*, les *Fausses infidélités*, l'*Homme à bonnes Fortunes*, la *Coquette corrigée*, l'*Optimiste*, *Tartufe*, le *Philinte*, de Molière, le *Legs*, le *Bienfait anonyme*, le *Jaloux*, etc.

Les représentations de Molé furent une longue suite de triomphes. Cet acteur inimitable excita un tel enthousiasme, malgré les préoccupations générales, que le jour où il paraissait pour la dernière fois sur notre principale scène, le spectacle dut être scindé en deux parties dont l'une commençait à six heures et l'autre à dix pour faciliter le public. Mais les bonnes intentions de l'administration n'aboutirent pas, les spectateurs qui avaient applaudi Molé à la représentation de six heures ne voulurent pas céder la place aux derniers venus et préférèrent payer une seconde fois leur billet. Il fallut bon gré malgré réaliser la recette à l'instant même et séance tenante.

Il y eut ceci de particulier dans les diverses

apparitions de Molé à Marseille, c'est que Richaud-Martelly, en possession de l'emploi de premier sujet au Grand-Théâtre, ne voulut pas rester à l'écart pendant les représentations du pensionnaire de la Comédie. Richaud se fit un point d'honneur de jouer le lendemain même les rôles interprétés la veille par Molé, et il réussit. C'est le plus bel éloge qu'on puisse faire du talent du comédien-poète.

Le 7 janvier, à la séance de la Convention, l'entreprise du Grand-Théâtre de Marseille, représentée par le citoyen Montainville, fait hommage à la République de la somme de 1550 livres neuf sous pour les malheureux incendiés de Lille. Mention de ce don au procès-verbal de l'assemblée est ordonnée, et le citoyen Montainville obtient les honneurs de la séance.

On joua en janvier, concurremment avec le répertoire de Molé : *Circé,* opéra en un acte, musique du citoyen Rambert, de Marseille; *la Liberté conquise ou le despotisme renversé;* — *l'Offrande à la Liberté*, ballet de Gardel, musique de Gossec. Tout simplement la *Marseillaise* en action; — Les *Sans culottes à*

Nice, comédie en un acte et en vers provençaux du citoyen Pelabon de Toulon. L'auteur jouait dans sa pièce un rôle de garçon cabaretier; — *Les Visitandines ;* — *Il y a bonne justice ou le paysan magistrat,* par Collot d'Herbois ;

Le Dîner du roi de Prusse à Paris, bluette sans valeur, retardée par indisposition et composée à l'occasion de la retraite de l'armée de Brunswick, après la prise de Longwy et de Verdun. Ce *Dîner* était assaisonné de scènes peu faites pour donner de l'appétit. On voyait d'abord un bon père recueillant chez lui sa fille, brebis égarée, en compagnie du loup ravisseur, mais repentant, — un vrai tableau de Greuze, attendrissant et champêtre. — Tout à coup la décoration changeait : trois énormes pyramides composées de crânes prussiens et autrichiens, maçonnés à la manière des conquérants tartares, surgissaient au fond de la scène. Au milieu de cet étrange ossuaire coulaient des fleuves de sang peints avec une vérité qui faisait frissonner et capable de mettre en liesse une tribu d'antropophages africains ; — en somme, pauvre pièce ; triste dîner ;

Mutius Scevola, tragédie de Luce Lancival, ci-devant grand vicaire de l'évêque de Lescar, mais ayant jeté le bréviaire par dessus les moulins et la soutane aux orties pour devenir auteur dramatique. Luce Lancival fut plus tard chantre juré des gloires impériales ;

La Mort de Beaurepaire, par le conventionnel Gamon, le même qui dut au hasard d'échapper à l'hécatombe du 31 mars, où tombèrent les soixante-treize têtes de la Gironde ;

Le Siége de Lille, paroles de Joigny, musique de Trial. Cet opéra réussit, grâce à quelques jolis airs et à trois couplets chantés d'une manière piquante par un débutant qui devait bientôt illustrer le nom d'Elleviou.

Dans cette pièce, dit Beaugeard, « on « remarquait un chœur militaire dans l'accom- « pagnement duquel l'air *Ça ira,* produisait « l'effet le plus agréable et le plus guerrier. »
— Guerrier, c'est possible, mais agréable..., allons, Monsieur Beaugeard, votre adjectif est par trop optimiste et en tout cas singulièrement prudent.

Vous rendez des points à l'excellent M. Prudhomme.

VI

Nous sommes au soir du 26 janvier 1793. La nouvelle de l'exécution de Louis XVI vient d'arriver à Marseille par un courrier extraordinaire. L'ordre est aussitôt donné d'illuminer les édifices publics, le clocher et l'église de Saint-Martin. Les maisons se couvrent de feux et un avis de la municipalité invite les citoyens « à fermer les ateliers et à manifester par des « réjouissances publiques la joie qu'ils éprou- « vent de la chute du tyran. »

Le club des Amis de la Constitution entre immédiatement en séance et décide, par délibération expresse, d'aller publier la nouvelle au Grand-Théâtre. La délégation chargée de cette mission se forme en colonne et s'emparant dans sa route de tous les *calens* (lampes à bec) trouvés dans les boutiques, elle les fiche au bout de longs bâtons pour éclairer sa marche triomphale. Précédée et suivie de longues files de patriotes chantant la *Marseillaise*, la manifestation descend le Cours, parcourt la Cannebière et remontant la rue

Bauvau envahit la place du Théâtre et s'engouffre comme une avalanche dans la salle.

On jouait le *Guillaume-Tell* de Lemierre. Les acteurs sont interrompus par les acclamations des spectateurs saluant les nouveaux venus, et la salle entière se levant comme un seul homme exécute dans cet espace restreint une farandole vertigineuse se déroulant et se repliant sur elle-même comme un serpent aux multiples anneaux.

Les fêtes durèrent deux jours encore et chaque soir le Grand-Théâtre remplaça, par ordre, le spectacle ordinaire par des farandoles et des chants patriotiques.

En février, on reprit une tragédie ou mélodrame, comme on commençait à dire alors, de Giraud, auteur marseillais. Cette pièce en un acte et en vers, qui avait pour titre : *Mutius ou l'amour de la Patrie,* était précédée d'un prologue où l'on chantait :

Aux armes, citoyens, on attente à nos droits,
On veut encor courber nos fronts sous la verge des rois.

Dans une note de la pièce imprimée, l'auteur observait ceci : « Quelques critiques ne man-

« queront pas de relever le vers de quatorze
« pieds qui se trouve à la fin de chaque stro-
« phe ; mais il me semble que la liberté doit
« s'étendre à tout. » — Giraud avait raison ;
pourquoi emprisonner sa pensée dans les
douze pieds étriqués d'un vers alexandrin ;
c'était couper les ailes au divin Pégase et
attacher aux flancs du coursier immortel l'ignoble brancard du prosaïque fiacre. Horreur !

A l'occasion du carnaval, on donna au
Grand-Théâtre un ballet qui fit scandale,
même à cette époque, ce qui n'est pas peu
dire. C'était le ballet connu sous le nom de
Tentation de Saint Antoine. Deux scènes,
entre toutes, y provoquaient l'hilarité populaire : celle de l'enlèvement du cochon, — je
demande pardon à mes aimables lectrices pour
ce vilain mot, — et celle où saint Antoine
comparaissait devant le roi des Enfers.

Laurent, danseur comique de la troupe,
auteur de cette orgie chorégraphique, avait
eu, dans le principe, l'idée assez naturelle
de faire vaincre les Démons par des Anges
à l'épée flamboyante, sans réfléchir que les
Anges n'étaient plus de mise et se cotaient

en baisse. Or, voici ce qui advint, s'il faut en croire les spirituelles notes de mon excellent ami :

Un représentant en mission, vit, par hasard, jouer la *Tentation* dont la vogue se soutenait. Le dénouement déplut à l'envoyé de la Convention. Irrité, il manda à sa barre le pauvre Laurent, bien moins à son aise devant l'ombrageux élu du peuple que son patron sur le gril qui l'envoyait au ciel, et d'un ton brusque n'admettant ni observation ni réplique, il lui dit : « Citoyen, tu as fait une c......ade en « donnant aux Anges la victoire sur les « Diables. Les Anges sont des aristocrates... « à bas les Anges ! Il faut qu'à partir de ce soir « les Diables f.....t une râclée aux Anges, « sinon ton ballet ne se jouera plus. »

Laurent comprit à demi-mot et n'eut rien de plus pressé que d'intervertir les rôles et de faire rosser les Anges par les Diables. La pièce eut un regain de succès fou et le représentant radouci fit allouer une gratification à l'auteur qui, à ce prix, aurait mis en enfer le paradis tout entier.

Beaugeard, parlant de ce ballet, n'approuva

qu'avec des réticences la manière dont était représentée la séduction féminine essayée contre le Saint. Il aurait voulu que « la jolie diablesse » chargée de ce rôle, ne parût pas en costume infernal, et supposa qu'elle aurait mieux réussi « en habits mondains, *un peu décousus.* » Sa critique à l'eau de rose n'alla pas plus loin, et, en somme, il trouva le ballet « *fort imposant.* » — Il n'était ni exigeant ni difficile l'ami Beaugeard, et je ne sais si j'ai l'esprit mal fait, mais son *fort imposant* me taquine et me fait l'effet d'être fort imposé.

Le 12 février, jour de Mardi-Gras, grand bal paré et masqué à la salle Beauvau ;

Le 16, *Robert, chef de brigands,* imité de l'allemand, de Schiller, par le citoyen Lamartellière.

Le dimanche, 3 mars, les orchestres du Grand-Théâtre et de la salle Pavillon réunis, prêtent leurs concours à la cérémonie funèbre célébrée devant l'autel de la Patrie, en hommage aux mânes de Michel Lepelletier, représentant jacobin, assassiné à Paris par un ancien garde du corps.

La rue Beauvau, à cette occasion, prend le nom de rue Lepelletier.

Le 11 mars, les *Capucins et les Bernardines*, ballet-pantomime ;

Le 14 mars, *Le Quatorze de rois à Rome ou la Conspiration manquée*.

Le Grand-Théâtre fit sa clôture le dimanche des Rameaux, 24 mars, par une représentation au bénéfice des enfants des défenseurs de la patrie. On joua *Iphigénie en Aulide* et le ballet *Honni soit qui mal y pense*. La recette s'éleva à 5,000 francs.

En terminant, un peu de statistique :

Le Grand-Théâtre représenta pendant l'année 1792-93 : Tragédies nouvelles : *Brutus*, *Guillaume-Tell* et la *Mort de César*, 4 fois ; — *Philoctète* et *Mutius Scevola*, 2 fois ; — *Charles IX* et *Samson*, 1 fois. — Grands opéras nouveaux : *Œdipe à Colonne*, *Renaud*, *Circé*, *Didon*, *Iphigénie en Aulide* et *Iphigénie en Tauride*, sans compter les comédies ordinaires et les pièces de circonstance déjà mentionnées, le répertoire de Molé et des artistes en représentation.

C'est un joli bilan que les directions actuelles n'atteignent pas toujours. On pouvait faire plus mal.

www.ingramcontent.com/pod-product-compliance
Lightning Source LLC
Chambersburg PA
CBHW060511050426
42451CB00009B/926